Complément du PETIT SOLFÉGE MÉLODIQUE d'ÉDOUARD BATISTE

A M. Ambroise Thomas

DE L'INSTITUT

PROFESSEUR DE COMPOSITION AU CONSERVATOIRE, COMMANDEUR DE LA LÉGION D'HONNEUR

INTRODUCTION

AUX TRAITÉS D'HARMONIE ET AUX GRANDS SOLFÉGES D'ENSEMBLE DU CONSERVATOIRE

PAR

CHERUBINI, CATEL, MÉHUL, GOSSEC, LANGLÉ, ETC.

PETIT SOLFÉGE

HARMONIQUE

A LA PORTÉE DES PLUS JEUNES VOIX

RENFERMANT

65 EXEMPLES HARMONIQUES AVEC LEUR THÉORIE

ET

105 Leçons-Exercices à 2, 3 et 4 voix égales, divisés en trois Livres

— 1er LIVRE —

65 Exemples harmoniques avec leur théorie et 50 Exercices à 2, 3 et 4 voix

SUR

LES ACCORDS CONSONNANTS ET DISSONNANTS, LEURS RENVERSEMENTS, LEURS PRÉPARATIONS ET LEURS RÉSOLUTIONS, LES TONALITÉS, LES MOUVEMENTS ET MARCHES HARMONIQUES, LES CADENCES, RETARDS, ALTÉRATIONS, ANTICIPATIONS, PÉDALES, NOTES DE PASSAGE, APPOGGIATURES, SYNCOPES, ENHARMONIE, ETC.

Prix net : 6 francs.

2e LIVRE

30 LEÇONS À 2 & 3 VOIX ÉGALES

SUR

Tous les intervalles majeurs et mineurs et leurs diverses modifications, employés diatoniquement ou chromatiquement.

PRIX NET : 5 FR.

3e LIVRE

25 LEÇONS À 2 VOIX ÉGALES

DANS

Tous les tons majeurs et mineurs et toutes les mesures simples ou composées usitées dans la musique moderne.

PRIX NET : 5 FRANCS.

PAR

ÉDOUARD BATISTE

Professeur de Solfége individuel et collectif au Conservatoire

Organiste du grand Orgue de Saint-Eustache et Directeur-Professeur de la Société chorale du Conservatoire

LES 2e ET 3e LIVRES, SANS ACCOMPAGNEMENT, ÉDITION POPULAIRE, NET : 2 FR.

PARIS

AU MÉNESTREL, 2 BIS, RUE VIVIENNE

HEUGEL & Cie

ÉDITEURS DES SOLFÉGES ET MÉTHODES DU CONSERVATOIRE

CONSERVATOIRE IMPÉRIAL DE MUSIQUE ET DE DÉCLAMATION

PETIT SOLFÉGE HARMONIQUE

PAR

ÉDOUARD BATISTE

— DIVISÉ EN TROIS LIVRES —

Le comité des études musicales du Conservatoire, après avoir examiné les trois livres du *Petit Solfége Harmonique*, d'Édouard Batiste, comprenant : 1° 65 exemples harmoniques, avec leur théorie, et 50 exercices-leçons, à 2, 3 et 4 voix égales, sur les différents accords et les premiers éléments de l'harmonie; 2° 30 leçons, à 2 et 3 voix égales, sur tous les intervalles majeurs et mineurs, et leurs modifications; 3° 25 leçons, à 2 voix égales, dans tous les tons majeurs ou mineurs, mesures simples et composées; approuve cet ouvrage pour l'enseignement complémentaire du solfége. Les élèves y trouveront une excellente préparation aux grands Solféges d'ensemble de Cherubini, Méhul, Catel, Gossec, ainsi qu'à l'étude de l'harmonie, reconnue si indispensable à l'éducation musicale des chanteurs et des instrumentistes.

Le Comité a constaté la bonne facture des leçons, leur harmonie correcte et l'excellence des accompagnements, toutes choses d'une si grande valeur dans l'enseignement de la musique.

Conçu sur un nouveau plan essentiellement pratique et traitant avec lucidité des éléments de l'harmonie, le *Petit Solfége Harmonique* de M. Édouard Batiste est appelé à rendre d'importants services, non-seulement aux classes élémentaires du Conservatoire, mais aussi aux autres écoles et aux orphéons, en initiant les élèves à l'étude logique et raisonnée de la musique chorale, qui a pris, depuis quelques années, un si grand développement en France.

Signé : **AUBER**, de l'Institut, directeur du Conservatoire, *président*;
AMBROISE THOMAS et **HENRI REBER**, de l'Institut, professeurs de composition;
VICTOR MASSÉ, professeur de composition;
FRANÇOIS BAZIN, professeur d'harmonie et accompagnement;
F. BENOIST, professeur d'orgue et d'improvisation;
ÉMILE PERRIN, GEORGE HAINL, DAUVERNÉ, J. B. WEKERLIN.

A. DE BEAUPLAN, *commissaire impérial.*

Le Secrétaire du Conservatoire, **ALF. DE BEAUCHESNE.**

DE L'ENSEIGNEMENT DE LA MUSIQUE EN FRANCE

L'introduction réglementaire du chant dans nos lycées et séminaires, l'incessante création d'orphéons dans nos départements, ont donné une telle impulsion à l'enseignement de la musique en France, qu'il n'est pas sans intérêt de reproduire les deux rapports du Comité des études du Conservatoire : le premier concernant la complète réédition des solféges classiques de Cherubini, Méhul, Catel, Gossec; le second relatif au petit solfége et aux tableaux de lecture musicale de M. Édouard Batiste, adoptés comme indroduction aux solféges du Conservatoire. Tous les professeurs (classes réunies) se sont unanimement associés aux termes de ces rapports, en proclamant l'importance absolue de bons solféges en matière d'enseignement musical.

CONSERVATOIRE IMPÉRIAL DE MUSIQUE ET DE DÉCLAMATION

SOLFÉGES DU CONSERVATOIRE, PAR CHERUBINI, MÉHUL, CATEL, GOSSEC, LANGLÉ, ETC.

Le Comité des études musicales du Conservatoire Impérial de musique de Paris ne pouvait voir sans intérêt la réédition des célèbres Solféges, qui ont été et resteront la base de l'enseignement de la musique dans cette École. Il a donc examiné dans ses moindres détails la nouvelle publication des Solféges de nos grands maîtres Cherubini, Méhul, Catel, Gossec, etc., publiée par M. J. L. Heugel, avec le concours de M. Édouard Batiste, professeur au Conservatoire, qui fut, pendant longues années, l'accompagnateur des examens et des concours. Les traditions de ces Solféges classiques étaient familières à M. Édouard Batiste; il l'a prouvé dans sa remarquable réalisation, pour piano ou orgue, des basses chiffrées. Ce travail, exécuté avec autant de conscience que de talent, permettra aux élèves comme aux professeurs d'accompagner avec leur véritable harmonie les Solféges du Conservatoire, rendus aussi plus pratiques, plus progressifs, au moyen de transpositions et de doubles notes destinées à en faciliter l'étude à toutes les voix.

Les meilleures leçons des *Solféges d'Italie* ont trouvé leur place dans la nouvelle édition des Solféges du Conservatoire, car l'étude du solfége ne doit point se borner à former des lecteurs, elle doit aussi préparer des chanteurs, ainsi que le proclament avec tant d'autorité nos illustres maîtres Cherubini, Méhul, Catel et Gossec, dans leur instruction préliminaire, pour le développement et la conservation de la voix.

Le Comité des études a remarqué que l'éditeur ne s'était point seulement préoccupé d'une nouvelle et très-correcte reproduction des Solféges du Conservatoire, mais que ses soins s'étaient également portés sur l'amélioration des éditions primitives, sans aucune modification des textes et basses chiffrées. Les jeunes artistes pourront donc comparer les deux éditions et faire une étude approfondie de la basse chiffrée, au point de vue de l'harmonie pratique.

En conséquence, le Comité des études approuve et adopte pour les classes la nouvelle reproduction des Solféges du Conservatoire, dont l'éditeur a su conserver et améliorer les éditions primitives.

Signé : Auber, de l'Institut, *Directeur du Conservatoire, Président;*

Amb. Thomas, de l'Institut, professeur de composition; H. Reber, de l'Institut, professeur de composition; Georges Kastner, de l'Institut; Émile Perrin, directeur de l'Opéra; François Bazin, professeur d'harmonie et accompagnement; F. Benoist, professeur d'orgue et d'improvisation.

Dauverné, Prumier, J. B. Wekerlin.

Le Commissaire impérial, Edouard Monnais. *Le Secrétaire,* Alf. de Beauchesne.

INTRODUCTION AUX SOLFÉGES DU CONSERVATOIRE

PETIT SOLFÉGE MÉLODIQUE ET TABLEAUX DE LECTURE MUSICALE, DE M. ÉDOUARD BATISTE.

Le comité des études musicales du Conservatoire Impérial de musique de Paris a examiné avec intérêt le *Petit Solfége théorique et pratique*, écrit par M. Édouard Batiste, comme introduction aux *Solféges du Conservatoire.* Ce petit solfége et les tableaux de lecture musicale qui en sont l'atlas indispensable, bien que conçus à l'intention des plus jeunes voix et des classes tout à fait élémentaires, se font remarquer par des exercices et des leçons mélodiques d'une irréprochable facture, par des accompagnements intéressants et purement écrits. Les principes de la musique y sont soigneusement exposés; les gammes majeures et mineures, ainsi que les modulations, sont présentées et définies avec une grande clarté. Toutes les combinaisons rhythmiques des différentes mesures se trouvent développées dans les tableaux de M. Édouard Batiste avec un ordre et dans une progression qui témoignent d'une laborieuse et patiente expérience de l'enseignement. Enfin la reproduction (grand format) des tableaux en permettra l'introduction dans les classes d'ensemble des Orphéons, Lycées et Séminaires.

Le comité des études approuve donc, comme introduction aux Solféges du Conservatoire, le *Petit Solfége et les tableaux de lecture musicale* de M. Édouard Batiste.

(Suivent les signatures ci-dessus.)

Les bons solféges étant d'une importance absolue en matière d'enseignement musical, les membres de la section de musique de l'Institut et les professeurs au Conservatoire, après avoir examiné la nouvelle édition des solféges de Cherubini, Catel, Gossec, Méhul, ainsi que le petit solfége et les tableaux de lecture musicale de M. Edouard Batiste, s'associent unanimement à l'approbation motivée du comité des études du Conservatoire.

Les Membres de la section de musique de l'Institut :

M. Carafa. H. Berlioz. Ch. Gounod.

Les Professeurs au Conservatoire Impérial de musique et de déclamation :

Classes de composition et d'harmonie. — MM. Victor Massé, Elwart, E. Gautier, A. Savard, J. Duprato, Mme Dufresne.

Classes de chant — MM. Ch. Bataille, Giuliani, Grosset, Laget, Masset, Paulin-Lespinasse, Révial et Vauthrot

Déclamation lyrique — MM. Couderc, Ch. Duvernoy, Levasseur et Mocker.

Classes d'ensemble. — MM. Jules Cohen, J. Pasdeloup. — **Etude des rôles.** — MM. H. Potier.

Classes de solféges. — MM. Non Alkan, Danhauser, Émile Durand, H. Duvernoy, Émile Gillette, Lebel, Tariot, Mmes Barles, Dorus-St-Ange, Hersant, Maucorps-Delsuc, Mercié-Porte, Roulle et Tarpet-Leclerc.

Classes instrumentales. — MM. Alard, Anthiome, Baillot (René), Chevillard, Corken, Croharé, Dancla (Ch.). Dieppo, Dorus, Franchomme, Herz (Henri), Klosé, Labro, Le Couppey, Marmontel, Mathias, Massart, Mohr, Eug. Sauzay et Triébert; Mmes Farrenc, Jousselin, Philippon-Rouget de Lisle et Émile Réty.

Classes d'élèves militaires (annexées au Conservatoire).

MM. Arban, Forestier, Jonas et Ad Sax.

Ont également approuvé : MM. Victor Magnien, Mériel, Aug. Morel, Ed. Mouzin et Bressler, directeurs des succursales du Conservatoire : Lille, Toulouse, Marseille, Metz et Nantes.

MON PETIT SOLFÉGE HARMONIQUE

AVANT-PROPOS

Ce PETIT SOLFÉGE HARMONIQUE n'est pas un *Traité d'harmonie* et ne saurait en avoir la prétention. Il a simplement pour but de préparer les élèves à la musique d'ensemble, en leur faisant comprendre, dès les premiers pas, les lois qui régissent les intervalles et les accords entre eux, les principes qui constituent les mouvements harmoniques dans leur ensemble comme dans leurs parties intermédiaires.

Il m'a paru indispensable, avant de faire chanter aux élèves des exercices ou leçons à 2, 3 et 4 voix, de leur donner au moins un aperçu des éléments constitutifs de l'*harmonie*, tout comme nous avons analysé dans notre PETIT SOLFÉGE MÉLODIQUE les éléments constitutifs de la *mélodie*. Ce *petit Solfége harmonique* sera donc une excellente préparation non-seulement aux remarquables Solféges d'ensemble du Conservatoire(5e livre), mais aussi aux cours d'harmonie que les élèves pourront être appelés à suivre plus tard. On comprendra l'impossibilité de graduer absolument la difficulté des exercices et leçons des trois livres de ce *petit Solfége harmonique*, et plus encore celle de réunir dans le même livre toutes les déductions pratiques de la théorie du premier. C'est au professeur qu'il appartiendra de diriger l'étude, en empruntant aux 2e et 3e livres les leçons de nature à reposer l'élève des exercices du 1er livre ou à venir en aide à ces exercices comme application. Ainsi, par exemple, il va sans dire que les leçons du 2e livre, sur tous les intervalles majeurs et mineurs, diminués et augmentés, trouveront leur place naturelle au 1er livre, dans l'étude des accords formés desdits intervalles. Il en sera de même pour les leçons du 3e livre, qui sont appelées à compléter et à développer les exercices du 1er et 2e. Pour assigner à chaque leçon sa véritable place *graduée*, il eut fallu abandonner le plan général de chacun des livres de ce *petit Solfége harmonique*, et c'eut été là un inconvénient bien plus grave, surtout si l'on tient compte de l'habileté relative des élèves à *solfier*, quand ils aborderont ce *petit Solfége harmonique* destiné à compléter mon *petit Solfége mélodique*, et conséquemment à en être précédé.

Dans cet ouvrage, les leçons et les exercices écrits pour voix égales s'adressent aux institutions qui n'offrent généralement que des voix de *soprano* et de *contralto*, ou aux orphéons qui ne reçoivent que des voix d'hommes.

Il faudra, par conséquent, se mettre en garde contre la réunion de ces diverses voix, réunion qui amènerait dans l'exécution des leçons, par la nature des voix d'hommes et des voix de femmes ou d'enfants, à des renversements d'intervalles souvent défectueux. L'étude vocale d'ensemble pour les différents genres de voix trouvera son application spéciale dans le 5e LIVRE DU CONSERVATOIRE, dont ce petit Solfége est l'introduction. Toutefois dans ces leçons élémentaires, les voix de femmes ou d'enfants pourront doubler les ténors une octave au-dessous, tout comme les voix de basse pourront doubler les contraltos.

Les 105 leçons ou exercices de ce petit Solfége se meuvent dans un diapason restreint qui permettra *aux plus jeunes voix* de les chanter sans fatigue, et surtout d'en pouvoir exécuter alternativement toutes les parties.

Le professeur devra donc, pour arriver à une étude fructueuse et à une bonne exécution :

1° Faire chanter à *l'unisson*, par tous les élèves, chaque partie séparément, avant de passer à l'ensemble.

2° Faire chanter alternativement, dans l'ensemble, les diverses parties à chaque fraction de groupe.

Cela est d'autant plus nécessaire que beaucoup d'élèves, au début des études musicales, éprouvent une grande difficulté à chanter une seconde partie ou une partie intermédiaire, la voix et l'oreille ayant grande tendance à aller rejoindre la partie supérieure qui, par son dessin souvent plus mélodique, est d'une exécution moins difficile. D'ailleurs, exiger de l'élève qu'il chante alternativement les diverses parties d'une leçon à plusieurs voix, c'est le familiariser avec les diverses sonorités et combinaisons harmoniques. Or, il importe, en musique d'ensemble, non-seulement de s'écouter, mais aussi d'écouter les autres. C'est le seul moyen de développer en soi le sentiment de l'harmonie, de se rendre un compte exact de la marche des accords, de leurs préparations et de leurs résolutions. Sans cette patiente et intelligente solidarité des voix, on ne peut produire que de mauvaise musique chorale.

Un détail d'une extrême importance, et que l'on ne saurait trop recommander à l'élève, c'est la PONCTUATION MUSICALE, c'est-à-dire l'art de respirer aux endroits indiqués par le sens musical de la phrase, alors que cette phrase présente, dans son ensemble ou dans ses différentes périodes, un repos momentané ou définitif. Dans cet ouvrage, les respirations sont indiquées par des virgules ou des silences, et l'on devra les observer rigoureusement.

Il faudra aussi que l'élève s'habitue à bien émettre la voix et qu'il tienne compte des nuances indiquées en chantant. Une leçon de solfége à une ou plusieurs voix, est un morceau de chant où les noms des notes remplacent, jusqu'à un certain point, les paroles. On devra donc s'attacher, indépendamment de la justesse des intonations et de l'exactitude du rhythme, à chanter avec expression et style; puis l'élève vocalisera, sur la voyelle A, chaque leçon après l'avoir solfiée.

C'est ainsi que l'on arrive, par de bonnes études de Solfége, à former le goût avec la voix, en développant le sentiment musical qui transforme l'élève, et lui permet de devenir un artiste chanteur ou instrumentiste, car les instruments chantent comme les voix.

En écrivant cet ouvrage, et en donnant la classification des accords, j'ai employé les dénominations admises au Conservatoire et par la presque totalité des théoriciens, sans m'arrêter à ce qu'il pouvait y avoir de logique ou d'ingénieux dans d'autres systèmes; j'ai voulu, en parlant le langage scientifique presque universellement usité, être plus facilement compris du professeur, et n'imposer aucun système, ni aucun traité lorsque l'élève fera un véritable cours d'harmonie. En fait, la théorie de nos meilleurs livres d'enseignement, discutable à bien des points de vue, ne sera jamais que chose secondaire dans un art aussi mobile et aussi essentiellement pratique que celui de la musique; chaque jour cette théorie serait à refaire ou à modifier si on voulait suivre les progrès réalisés, les nouvelles découvertes faites ou à faire, et tenir compte du système de chaque école, de l'impression de chaque professeur. C'est par de bonnes leçons pratiques, soigneusement écrites et bien classées, qu'un livre d'enseignement se recommande réellement, en musique, aux élèves comme aux professeurs, et c'est à ces derniers qu'il appartient d'en modifier la théorie selon leurs aptitudes et surtout celles de leurs élèves.

Ceci dit et entendu, j'ose espérer que ce PETIT SOLFÉGE HARMONIQUE partagera la faveur accordée à mon PETIT SOLFÉGE MÉLODIQUE et à mes 50 TABLEAUX-TYPES DE LECTURE MUSICALE, ouvrages que le comité des études du Conservatoire impérial de Musique a approuvés pour servir d'introduction aux admirables Solféges du Conservatoire, et que le Jury de la classe 89 de l'Exposition universelle, section de l'enseignement, a bien voulu récompenser, en m'attribuant une médaille de 1re classe, à laquelle je ne pouvais prétendre, puisque, personnellement, je n'avais pas eu l'honneur d'exposer.

ÉDOUARD BATISTE,

Professeur de Solfége individuel et collectif au Conservatoire,

Organiste du grand orgue de Saint-Eustache, Directeur-Professeur de la Société chorale du Conservatoire.

PETIT SOLFÉGE HARMONIQUE

PAR

ÉDOUARD BATISTE

TABLE DES SOIXANTE-CINQ EXEMPLES DU PREMIER LIVRE

(AVEC LA THÉORIE DES PREMIERS ÉLÉMENTS DE L'HARMONIE)

AVANT-PROPOS ET PRINCIPES ÉLÉMENTAIRES

PETIT SOLFÉGE HARMONIQUE

PAR

ÉDOUARD BATISTE

Table des 50 Exercices ou Leçons à deux, trois et quatre voix du premier Livre

FIN DU 1er LIVRE DU PETIT SOLFÉGE HARMONIQUE

PETIT SOLFÉGE HARMONIQUE

PAR

ÉDOUARD BATISTE

Table des 55 Leçons à deux et à trois voix égales des deuxième et troisième Livres

2e LIVRE

25 LEÇONS À DEUX VOIX ET 5 À TROIS VOIX

SUR

Tous les intervalles majeurs ou mineurs et toutes leurs modifications

3e LIVRE

25 LEÇONS À DEUX VOIX

DANS

Tous les tons majeurs et mineurs et sur toutes les mesures usitées.

FIN DES 2e ET 3e LIVRES

DU

PETIT SOLFÉGE HARMONIQUE

1990. Paris. — Typ. Morris et Comp., rue Amelot, 64.

PETIT SOLFÉGE HARMONIQUE

de

ÉDOUARD BATISTE.

2.me Livre
TRENTE LEÇONS
à deux ou trois voix égales.

À Mr
AMBROISE THOMAS
de l'Institut.

Sur tous les Intervalles
MAJEURS et MINEURS,
Leurs modifications,
Résumé.

LEÇON SUR LES INTERVALLES DE SECONDE MAJEURE ET MINEURE.

majeure
majeure
mineure
p
majeure
mineure
cre-
scendo.
p
f
LEÇON SUR L'INTERVALLE DE SECONDE AUGMENTÉE.
Andantino. ♩. = 66)
Nº 2.
Andantino.
pp
crescendo. poco a poco.

1
2
f
f
f
f
f
f
pp
p
pp
p
pp
pp
mf
mf
mf
mf
p
p
pp
pp

LEÇON SUR L'INTERVALLE DE TIERCE MAJEURE.

1
p *mf*
diminuendo.
2
p *mf*
p *mf*
diminuendo.

1
mineure. majeure. *p*
2
p
p

1
mineure.
2

1
mineure.
f *p*
2
f *p*

LEÇON SUR L'INTERVALLE DE TIERCE MINEURE.

Andante (♩. = 63)

1

2

N° 4.

Andante.

pp *p* *diminuendo.*

mf *p* *mf*

p *mf* *p*

f *diminuendo. poco a poco.*

1
2
p
f

1
2
f
p
pp
pp

1
2
p
diminuendo.
f
p
diminuendo.
f

1
2
f
diminuendo.
3rd maj.
f
diminuendo.

Allegretto. (♩= 104)
N° 5.
Allegretto.
mf
1
2

1
2
mf
f
diminuendo.
mf
f
diminuendo.
mf
mf
mf
p

Andantino. (♩= 84)
Nº 6.
Andantino.
p
pp
f
3ce dim: à l'8ve au dessus

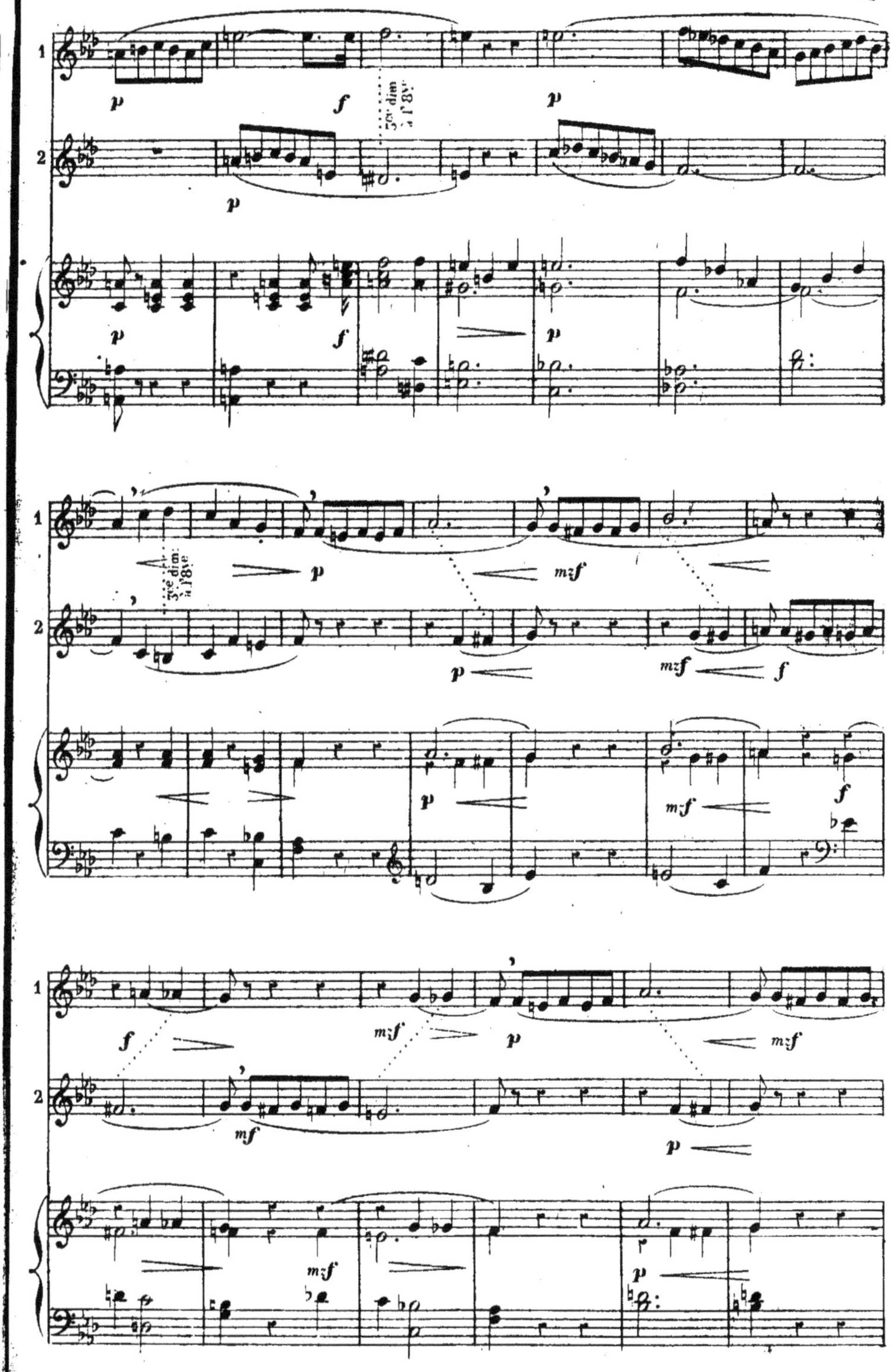
1
2
3te dim
à l'8ve
3te dim
à l'8ve

crescendo. f

3e dim: à 8ve

crescendo. f

LEÇON SUR L'INTERVALLE DE TIERCE AUGMENTÉE.

Allegretto. ♩ = 108)

Nº 7.

Allegretto.

mf
p
p
p
p
p
p
p
p
p
p
p
p
p

LEÇON SUR L'INTERVALLE DE QUARTE JUSTE.

Nº 8.

1
2
f
p
mzf
f
p
mzf
f
p
mzf
mzf
f
p

Andantino (♩.=69)
Nº 9.
Andantino.

1
2
mf
f
p

Andantino. (♩= 84)
1
2
Nº 10
Andantino.
p
mf

1
2
f
p
mf
mzf

Andante. (♩ = 88)
Nº 11.
Andante.
p
1
2

p
mf
p
p

LEÇON SUR L'INTERVALLE DE QUINTE JUSTE.
Moderato. (♩. = 92)
Nº 12.
Moderato.

f
p
mzf
ff

1
2
mzf
f

f
m:f
m:f
m:f
LEÇON SUR L'INTERVALLE DE QUINTE DIMINUÉE.
Andante. (♩. = 63)
pp
pp
Nº 13.
Andante.
pp
p
pp
p
m:f
pp
m:f

1
2
pp
p
crescendo.
f

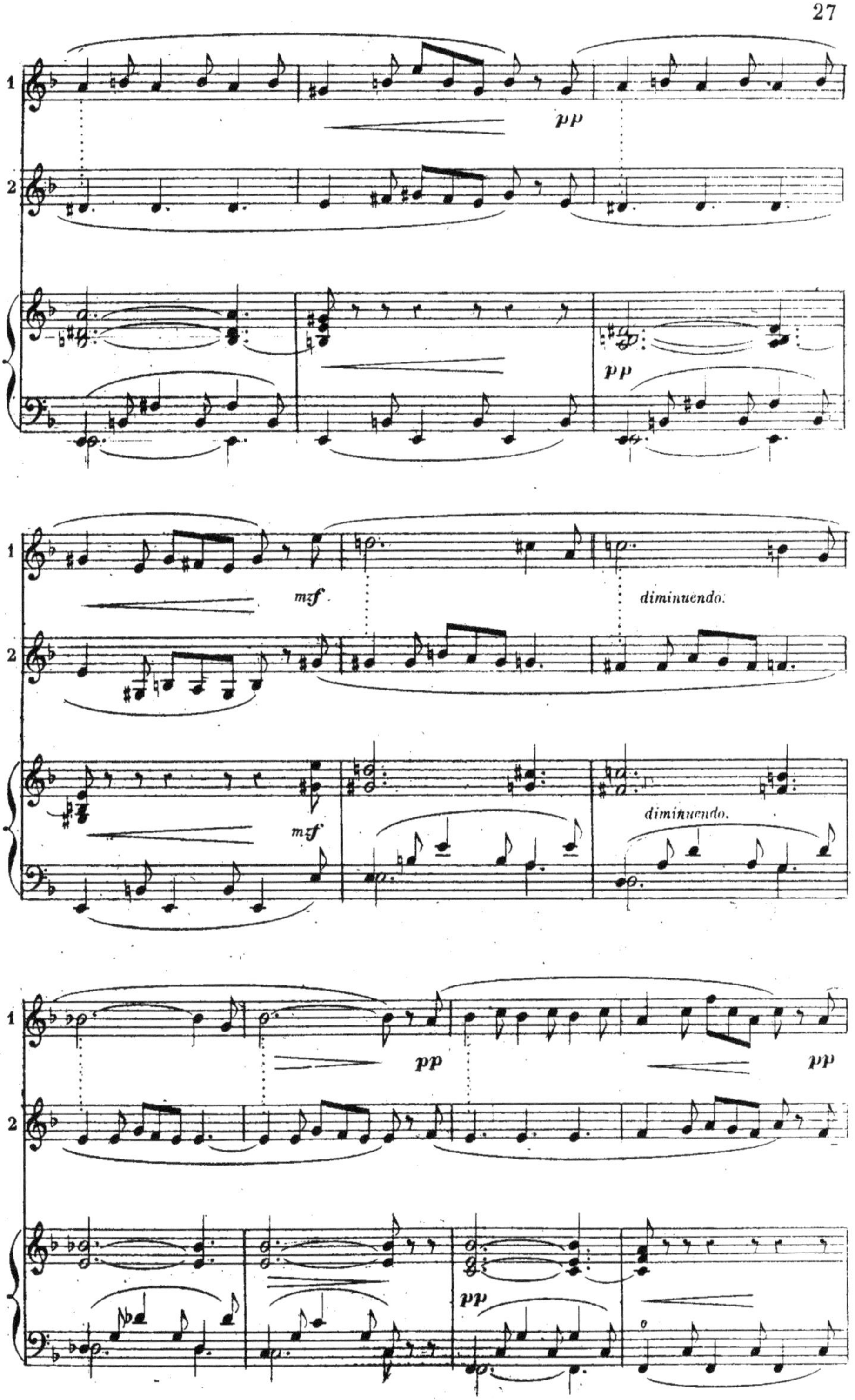

1
2

pp

mzf

diminuendo.

diminuendo.

pp

pp

pp

2)

1
2
mzf
pp
mzf
pp
pp
pp
mzf
pp
mzf
pp
mzf
mzf
pp
mzf
pp

LEÇON SUR L'INTERVALLE DE QUINTE AUGMENTÉE.

Allegretto. (♩= 108)

Nº 14.

Allegretto.

mzf mzf p cre-scendo. p crescendo.

mzf diminuendo. mzf

mzf crescendo.

1
2
m:f
p
LEÇON SUR L'INTERVALLE DE QUINTE SOUS-DIMINUÉE.
Allegro moderato. (♩ = 108)
Nº 15.
Allegro moderato.

crescendo.
crescendo.

diminuendo.
diminuendo.

LEÇON SUR L' INTERVALLE DE SIXTE MAJEURE.

Nº 16.

Andantino con moto. (♩= 108)

6tes majeures.

Andantino con moto.

1
2
p
mzf
f

1
2
f
dimin.
mzf

LEÇON SUR L'INTERVALLE DE SIXTE MINEURE.

p
mzf
p
p
mzf
p
p
LEÇON SUR LES INTERVALLES DE SIXTES MAJEURES ET MINEURES.
Allegro. (♩= 132)
f
mzf
Nº 18.
Allegro.
f
mzf

1
2
f
mzf
ritardando.
a tempo.

Moderato. (𝅗𝅥 = 80)
1
2
N° 19.
Moderato.
p
f
mzf

LEÇON SUR L'INTERVALLE DE SIXTE AUGMENTÉE.

1
2
f
mzf
p

LEÇON SUR L'INTERVALLE DE SEPTIÈME DIMINUÉE.

1
2
mzf
p

LEÇON SUR LES INTERVALLES DE SEPTIÈMES MINEURES ET MAJEURES.

1
2
mineure.
mzf
f
mineure.
majeure.
mineure.
mzf
mineure.
mzf
f
mzf
mineure.
mzf
mineure.
mineure.
crescendo.
mineure.
mineure.
mineure.
f
mineure.
mzf
crescendo.
f
mineure.
p
mineure.
mineure.
mineure.
majeure.
mzf
f
p
mzf
f

Allegretto. (♩ = 112)
1
2
mzf
juste
augmentée
mzf
N° 23.
Allegretto.
mzf
mzf
juste
augmentée
p
mzf
p
mzf
juste
diminuée
mzf
p

mzf juste diminuée juste mzf juste diminuée juste

mzf

mzf

mzf juste diminuée juste f

f

juste mzf juste augmentée crescendo augmentée augmentée mzf juste augmentée

mzf crescendo. mzf

1
2
juste
augmentée
juste
p
juste
augmentée
p
juste
juste
augmentée
juste
f
juste
diminuée
f
p
juste
mineure
juste
f
juste
diminuée
juste
f
juste
diminuée
p
f

LEÇON SUR L'INTERVALLE DE NEUVIÈME MINEURE ET MAJEURE.

Nº 24.

1
2
majeure
mineure
mzf
p

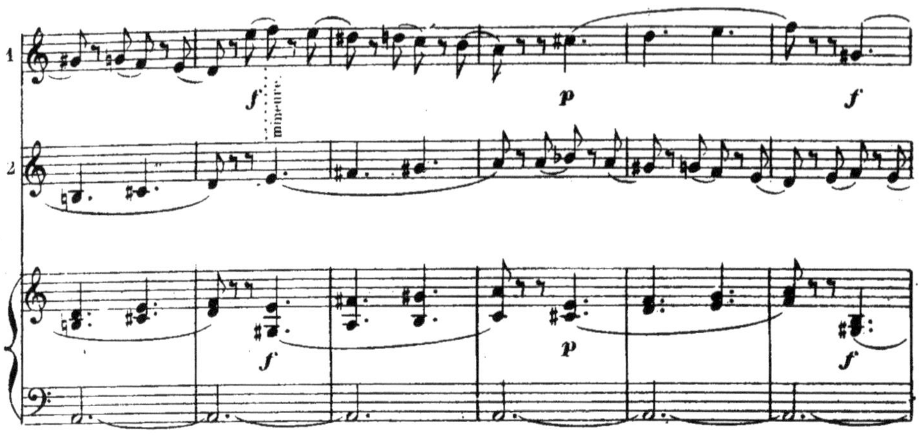

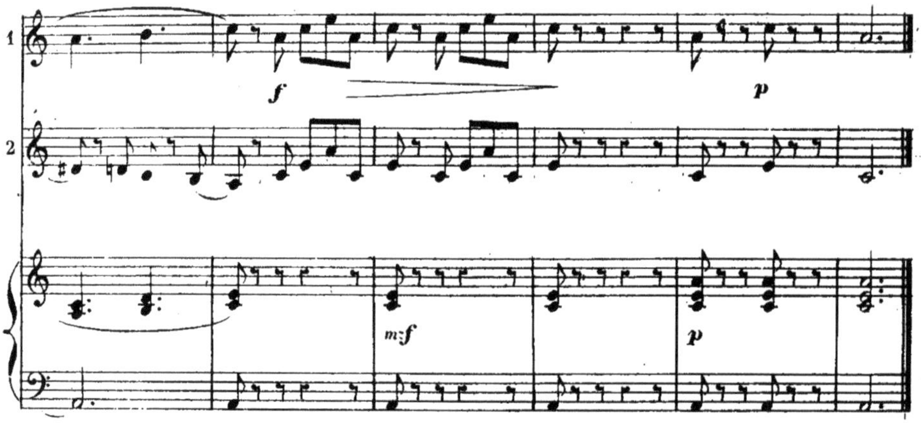

mineure

LEÇON-RÉSUMÉ DE TOUS LES INTERVALLES.

1
2
3te mineure
3te majeure
4te dimin.
4te juste
4te augm.
6te majeure
6te dim.
6te mineure
6te majeure
6te mineure
6te augm.

7e diminuée
7e mineure
7e majeure
8ve juste
8ve augm.
8ve juste
8ve augmt.
8ve juste
8ve dimin
8ve juste
8ve dimin
9e majeure
9e majeure
9e majeure
9e mineure

RÉSUMÉ GÉNÉRAL.

Nº 26.

1
2
3
p
mzf
f

1
2
3
mzf
diminuendo.
p

1
2
3
mzf
p
f
pp
diminuendo.

Larghetto. (♩= 69)

Nº 27.

Larghetto.

1
2
3

p

mzf

1
2
3
mzf
p

mzf
mzf
mzf
mzf
p
f
f
f
f
mzf
mzf
mzf
mzf
p
p.
p
mzf
p

1
pp
rallentando.
p
p
2
pp
rallentando.
p
p
3
pp
rallentando.
p
p
pp
rallentando.
p
p

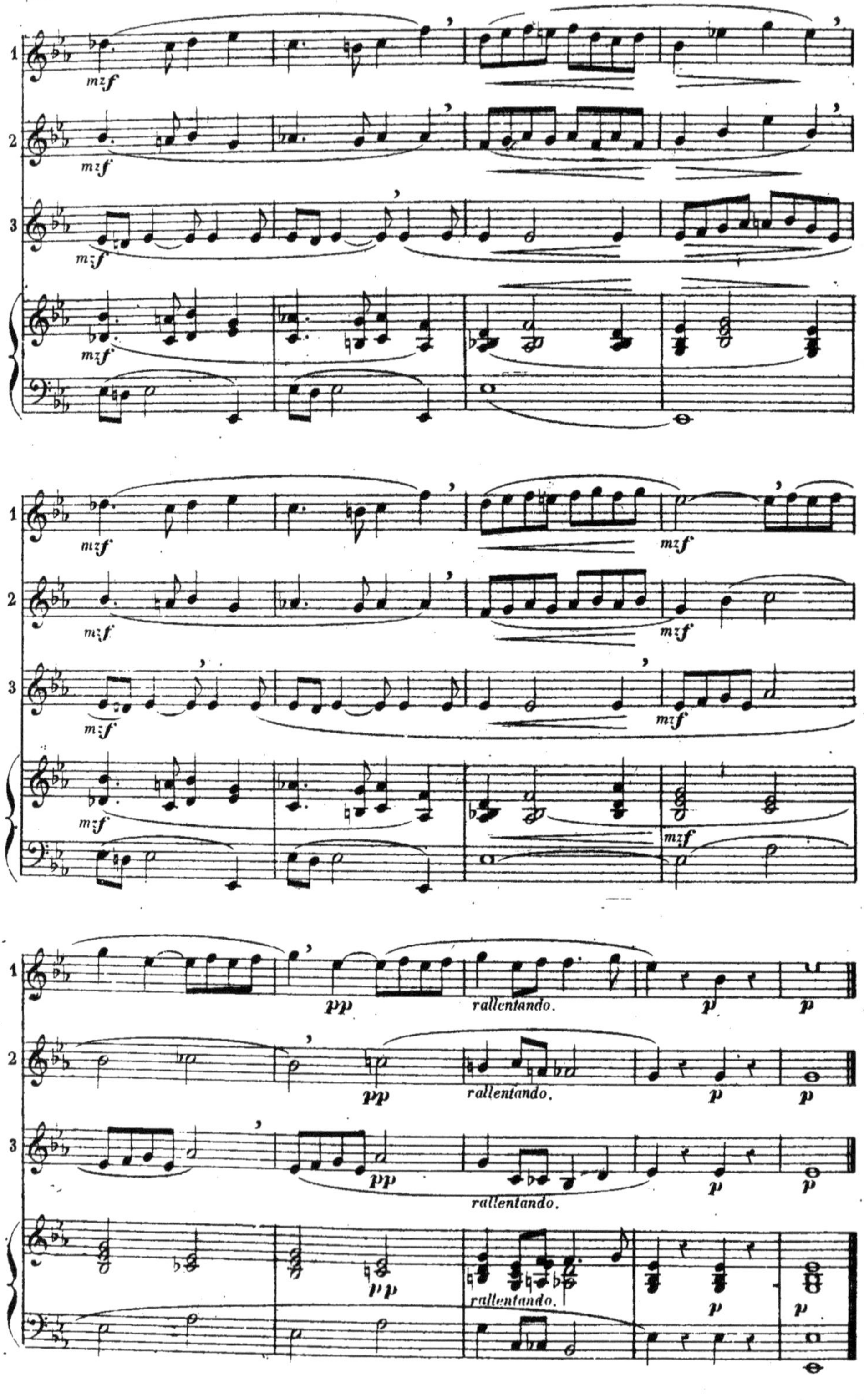

№ 28

Andantino con moto. (♩. = 80)

Andantino con moto.

1
crescendo.
mf
2
crescendo.
mf
3
crescendo.
crescendo.
mf
1
p
2
pp
3
pp
pp
1
pp
2
pp
3
p
pp

Allegro moderato. (𝅗𝅥 = 104)
№ 29
Allegro moderato.
mzf

1

2

3

mzf

mzf

mzf

mzf

p

p

1
2
3
p
mzf
f

1
2
3
crescendo
crescendo
crescendo
crescendo
p
p
p
p
f
f
f
f
f
f
f
f

LEÇON À TROIS VOIX SANS ACCOMPAGNEMENT.

Nº 30.

(Baudon, Graveur.)

(Fin du 2e Livre)

Paris-Arouy, Imp. rue Rochechouart, 84.

www.ingramcontent.com/pod-product-compliance
Ingram Content Group UK Ltd.
Pitfield, Milton Keynes, MK11 3LW, UK
UKHW020936180726
13838UKWH00002B/982

9 782329 451381